# LA CABALGATA DE PAUL REVERE

por Xavier Niz
ilustrado por Brian Bascle

Consultor:
Wayne Bodle, Profesor Adjunto de Historia
Indiana University of Pennsylvania
Indiana, Pensilvania

Capstone press®

Mankato, Minnesota

Graphic Library is published by Capstone Press,
151 Good Counsel Drive, P.O. Box 669, Mankato, Minnesota 56002.
www.capstonepress.com

1  2  3  4  5  6  11  10  09  08  07  06

*Library of Congress Cataloging-in-Publication Data*
Niz, Xavier.
  [Paul Revere's ride. Spanish]
  La Cabalgata de Paul Revere/Xavier Niz; ilustrado por Brian Bascle.
  p. cm.—(Graphic library. Historia gráfica)
  Includes bibliographical references and index.
  ISBN–13: 978–0–7368–6616–3 (hardcover : alk. paper)
  ISBN–10: 0–7368–6616–7 (hardcover : alk. paper)
  ISBN–13: 978–0–7368–9684–9 (softcover pbk. : alk. paper)
  ISBN–10: 0–7368–9684–8 (softcover pbk. : alk. paper)
  1. Revere, Paul, 1735–1818—Juvenile literature. 2. Massachusetts—History—Revolution,
1775–1783—Juvenile literature. 3. Lexington, Battle of, Lexington, Mass., 1775—Juvenile
literature. 4. Concord, Battle of, Concord, Mass., 1775—Juvenile literature. I. Bascle, Brian, ill.
II. Series.
F69.R43N5918 2006
973.3'311092—dc22                                                    2006040601

Summary: In graphic novel format, tells the story of Paul Revere's ride to Lexington in April 1775
to warn colonists of approaching British troops, in Spanish.

|  |  |
|---|---|
| *Art and Editorial Direction* | *Editor* |
| Jason Knudson and Blake A. Hoena | Donald Lemke |
| *Designers* | *Translation* |
| Bob Lentz and Juliette Peters | Mayte Millares and Lexiteria.com |

**Nota del Editor:** Los diálogos con fondo amarillo indican citas textuales de fuentes
fundamentales. Las citas textuales de dichas fuentes han sido traducidas a partir del inglés.

Direct quotations appear on the following pages:
Pages 12, 20, from *Paul Revere's Three Accounts of His Famous Ride* by Paul Revere (Boston:
    Massachusetts Historical Society, 1976).
Pages 14, 19, from *Paul Revere's Ride* by David Hackett Fischer (New York: Oxford
    University Press, 1994).

# TABLA DE CONTENIDOS

# Capítulo 1

# EL PLAN DEL GENERAL

Durante los años 1760, la Gran Bretaña controlaba las 13 colonias en Norteamérica. Algunos colonos estaban cansados del dominio británico. No querían pagar impuestos sin que su opinión fuera tomada en cuenta en el gobierno. Estas personas se dieron a conocer como "Whigs".

En Boston, Massachusetts, un joven orfebre llamado Paul Revere se unió a otros Whigs en sus protestas.

¡Sin representación, no hay impuestos!

¡Él tiene razón!

# Capítulo 2

# LA CARRERA HACIA LEXINGTON

La noche del 18 de abril, 1775, Revere se apresuró hacia los muelles a lo largo del Río Charles. Para entregar su mensaje, Revere tenía que cruzar el río hacia Charlestown.

¿Ya se enteraron de las noticias?

Sí. El bote está listo.

# HACIA CONCORD

Antes de partir de Lexington, Paul Revere pensó en un plan. Los tres jinetes se turnarían para detenerse en cada casa rumbo hacia Concord.

¡Los británicos vienen en camino!

¡Estén alerta! Los regulares están de camino para capturar las armas almacenadas en Concord.

¡Corran la voz!

25

# Más sobre
# LA CABALGATA DE PAUL REVERE

* Paul Revere nació en diciembre de 1734. Su padre, Apollos Rivoire, llegó a Norteamérica desde Francia. Después de casarse con una colona norteamericana llamada Deborah Hichborn, Rivoire cambió su nombre a Revere.

* Paul Revere, no sólo era un orfebre. También elaboraba cosas con oro y cobre. Incluso hacía dientes falsos y trabajaba como dentista. Finalmente, Revere lanzó un exitoso negocio elaborando láminas de cobre.

* Algunas personas creen que el caballo que Paul Revere tomó prestado de Larkin se llamaba Brown Beauty. Después de que los británicos se llevaran el caballo, ni Revere ni Larkin volvieron a verlo.

* Sólo 70 hombres de la milicia estaban reunidos en Lexington cuando llegaron las tropas británicas. Lucharon contra 238 soldados británicos. Cuando la batalla terminó, ocho miembros de la milicia colonial habían muerto y diez más estaban heridos. Sólo uno de los soldados británicos había sido herido.

* Hasta el momento, nadie sabe quién disparó el primer tiro en la Batalla de Lexington.

Aproximadamente 700 tropas británicas salieron de Boston hacia Concord. Para cuando regresaron a Boston, más de 250 soldados habían sido heridos o asesinados.

Paul Revere murió de causas naturales el 10 de mayo de 1818, a la edad de 83 años.

Las hazañas de Paul Revere fueron olvidadas en gran parte después de la Guerra de la Revolución. En 1860, Henry Wadsworth Longfellow escribió el poema "La cabalgata nocturna de Paul Revere". Poco después, el poema y la historia de Paul Revere se volvieron famosos.

Hoy en día, gente de todo el mundo visita la casa de Paul Revere. Es el edificio más antiguo en el centro de Boston y un recuerdo de este gran norteamericano.

# GLOSARIO

el abrigo rojo—un soldado británico durante la Guerra de la Revolución; el nombre provenía de los abrigos rojo brillante que utilizaban los soldados.

el impuesto—dinero recolectado de los ciudadanos de un país para ayudar a pagar los gastos del gobierno

la milicia—un grupo de ciudadanos voluntarios entrenados para luchar

el orfebre—una persona que elabora objetos de plata, tales como cucharas, joyería y teteras

el representante—una persona electa para servir en un gobierno

# SITIOS DE INTERNET

FactHound proporciona una manera divertida y segura de encontrar sitios de Internet relacionados con este libro. Nuestro personal ha investigado todos los sitios de FactHound. Es posible que los sitios no estén en español.

Se hace así:

1. Visita *www.facthound.com*

2. Elige tu grado escolar.

3. Introduce este código especial **0736866167** para ver sitios apropiados según tu edad, o usa una palabra relacionada con este libro para hacer una búsqueda general.

4. Haz clic en el botón **Fetch It**.

¡FactHound buscará los mejores sitios para ti!

# LEER MÁS

Burke, Rick. *Paul Revere.* American Lives. Chicago: Heinemann Library, 2003.

Golden, Nancy. *The British Are Coming!: The Midnight Ride of Paul Revere.* Great Moments in American History. New York: Rosen Central Primary Source, 2004.

Raatma, Lucia. *The Battles of Lexington and Concord.* We the People. Minneapolis: Compass Point Books, 2004.

Rosen, Daniel. *Independence Now: The American Revolution, 1763–1783.* Crossroads America. Washington, DC: National Geographic, 2004.

# BIBLIOGRAFÍA

Fischer, David Hackett. *Paul Revere's Ride.* New York: Oxford University Press, 1994.

Revere, Paul. *Paul Revere's Three Accounts of His Famous Ride.* Boston: Massachusetts Historical Society, 1976.

Triber, Jayne E. *A True Republican: The Life of Paul Revere.* Amherst: University of Massachusetts Press, 1998.

# ÍNDICE